VILLE DE MULHOUSE

DISPOSITIONS

relatives

à l'allocation de secours aux chômeurs pour
la ville de Mulhouse (Haut-Rhin)

MULHOUSE
IMPRIMERIE J. BRINKMANN
1922

VILLE DE MULHOUSE

DISPOSITIONS

relatives

à l'allocation de secours aux chômeurs pour la ville de Mulhouse (Haut-Rhin)

Mulhouse
IMPRIMERIE J. BRINKMANN
1922

DISPOSITIONS

relatives

à l'allocation de secours aux chômeurs pour
la Ville de Mulhouse (Haut-Rhin)

Pour atténuer les conséquences du chômage résultant de la crise économique actuelle, il est créé dans la Ville de Mulhouse un « fonds municipal de chômage » dans le sens du décret du 19 avril 1918, modifié par les décrets des 14 et 26 janvier, 17 octobre 1919, 27 juin et 25 septembre 1921, et de l'arrêté de M. le Commissaire général du 23 février 1922, n° 385 A/T S. G. 607.

Ce fonds de chômage sera régi par les dispositions ci-après :

Article premier.

Le fonds municipal de chômage est une institution tout à fait temporaire destinée uniquement à parer aux conséquences du chômage provenant de la crise économique ; il est destiné à disparaître avec les circonstances qui l'ont fait naître.

Article 2.

L'admission au secours sera prononcée par la Commission élue par le Conseil Municipal pour traiter les questions concernant l'assistance aux sans-travail, à laquelle seront adjoints deux membres patrons pris

Bestimmungen

über die

Arbeitslosen-Unterstützung der Stadt Mulhouse (Haut-Rhin)

Um die Folgen der Arbeitslosigkeit der gegenwärtigen Wirtschaftskrise zu mildern, wird in der Stadt Mulhouse ein Gemeinde - Arbeitslosenunterstützungsfonds gegründet im Sinne des Dekrets vom 19. April 1918, abgeändert durch die Dekrete vom 14. und 26. Januar 1910, 17. Oktober 1919, 27. Juni, 25. September 1921 und der Verfügung des Herrn Commissaire Général vom 23. Februar 1922, Nr. 385 A/T S.G. 607.

Dieser Arbeitslosen-Unterstützungsfonds wird nach den nachstehenden Bestimmungen verwaltet :

Artikel 1.

Die Arbeitslosen-Unterstützung ist eine ganz vorübergehende Einrichtung und ist einzig dazu bestimmt, den Folgen der Arbeitslosigkeit zu steuern, welche aus der Wirtschaftskrise herrühren. Sie ist bestimmt zu verschwinden, sobald die Ursachen, die zu ihrer Einrichtung geführt haben, verschwunden sind.

Artikel 2.

Die Zulassung zur Unterstützung erfolgt durch die vom Gemeinderat gewählte Kommission für die Arbeitslosen-Unterstützung. Dieser Kommission müssen ferner angehören:

1. zwei Arbeitgeber, welche aus den industriellen oder den kaufmännischen Kreisen der Stadt zu entnehmen sind,

2. zwei Arbeitnehmer aus der Stadt.

parmi les industriels ou commerçants de la ville, et deux membres ouvriers pris parmi les ouvriers de la ville.

Les membres patrons et les membres ouvriers sont nommés par arrêté du Maire.

Ils seront choisis de préférence parmi les employés de syndicats professionnels ou de conseils de prud'hommes.

Ils appartiennent, autant que possible, aux professions ayant le plus grand nombre d'ouvriers en chômage.

La Commission se tiendra en rapports permanents avec l'Office municipal de placement gratuit en vue de procurer des emplois aux chômeurs.

Article 3.

Ne seront admis aux secours que les chômeurs qui justifieront avoir exercé, pendant une période de six mois ayant précédé immédiatement leur mise en chômage, une profession dont ils tiraient un salaire régulier.

Ne pourront être prises en considération toutes les personnes qui ont une occupation accessoire n'ayant pour objet que de procurer un salaire d'appoint.

Le chômage est justifié par la production d'un certificat de congé délivré par l'employeur.

De cette pièce, il devra ressortir la durée de l'occupation, ainsi que le motif de la résiliation du contrat.

Le secours est alloué pour une période maximum de 100 jours ouvrables dans le cours de 12 mois.

Le droit à l'allocation commence le quatrième jour après l'introduction de la demande auprès de l'Office municipal de placement.

Toute personne admise au bénéfice de l'allocation aux sans-travail est tenue de fournir à la Ville de Mulhouse un travail en rapport avec le secours alloué, déduction faite des suppléments pour les enfants et d'autres suppléments. La durée du travail dépend de l'importance du montant de l'allocation ; elle est fixée

Die Arbeitgeber und die Arbeitnehmer werden durch Beschluss des Herrn Maire ernannt. Es sollen vorzugsweise Beamte der Berufssyndikate oder Mitglieder des Gewerbegerichts genommen werden und sollen soviel wie möglich d e n Berufen angehören, die am meisten Arbeitslose aufzuweisen haben.

Die Kommission hält sich in ständiger Fühlung mit dem Arbeitsnachweis behufs Vermittelung von Stellen an Arbeitslose.

Artikel 3.

Zur Unterstützung werden nur diejenigen Arbeitslosen zugelassen, welche nachweisen, dass sie unmittelbar vor ihrer Arbeitslosigkeit während sechs Monaten einen Beruf ausgeübt haben, wofür sie einen regelmässigen Lohn erhielten.

Personen, die nur einem Nebenerwerb nachgehen, um das etwa vorhandene Einkommen zu ergänzen, gehören nicht zu den Unterstützungsberechtigten.

Die Arbeitslosigkeit wird nachgewiesen durch Vorlage einer diesbezüglichen, vom Arbeitgeber ausgestellten Entlassungsbescheinigung. Aus der Bescheinigung muss die Dauer der Beschäftigung sowie der Grund der Lösung des Arbeitsverhältnisses hervorgehen.

Die Unterstützung wird im äussersten Falle **während 100 Arbeitstagen bezahlt innerhalb zwölf Monaten.**

Die Unterstützungsberechtigung beginnt am 4. Tage nach Stellung des diesbezüglichen Antrags bei dem Arbeitsnachweis.

Jede Person, die Arbeitslosen-Unterstützung empfängt, ist zur Leistung einer entsprechenden Arbeit bei der Stadtverwaltung verpflichtet. Die Dauer der Beschäftigung richtet sich nach der Höhe der jeweiligen Unterstützungssumme unter Abzug der Kinder- und sonstigen Zulagen. Die Verrechnung geschieht nach den Lohnsätzen des betreffenden Ressorts, in dem der Unterstützte beschäftigt ist.

Die Arbeitslosen-Unterstützung können nicht beziehen:

sur la base du tarif des salaires appliqué par le service dans lequel le bénéficiaire est occupé.

Ne pourront recevoir des secours :

1° Les personnes devenues sans-travail par suite de leur propre faute ;

2° Les personnes qui, sans motif plausible, auront refusé un emploi suffisamment rémunérateur qui leur aurait été offert ;

3° Les personnes ne vivant pas de leur travail. Seront présumées se trouver dans ce cas celles qui bénéficient d'une pension en vertu de la loi du 5 avril 1910 sur les retraites ouvrières et paysannes, de l'assistance aux vieillards, infirmes et incurables, instituée par la loi du 14 juillet 1905, ou celles bénéficiant d'une rente d'invalidité en vertu du Code des Assurances sociales ;

4° Les personnes malades et inaptes au travail ;

5° Les personnes qui ne comptent pas dans la commune de Mulhouse une durée de résidence d'un an au moins ;

6° Celles qui se trouveront en chômage pour raison d'âge ;

7° Celles qui seront convaincues de se livrer habituellement à la boisson et qui négligent leurs obligations vis-à-vis de leur famille.

Article 4.

Dans la règle, le secours est versé en espèces. Dans des cas spéciaux, il peut être attribué en nature.

Le montant de l'allocation ne devra pas dépasser 6 francs par jour pour la personne qualifiée chef de famille ou pour le célibataire reconnu admissible. Cette allocation est majorée de 3 fr. pour le conjoint chômeur, de 1 fr. 50 par enfant au-dessous de 16 ans, ne travaillant pas ou gagnant moins de 1 fr. par jour, et de 1 fr. 50 pour l'ascendant sans travail à la charge du chef de ménage et vivant dans son ménage.

Les personnes âgées de plus de 16 ans, en chômage, vivant dans le ménage de leurs père, mère, tuteur,

1. Personen, die aus eigenem Verschulden arbeitslos geworden sind;

2. Personen, die ohne triftigen Grund die Annahme einer hinlänglich bezahlten Arbeit verweigern;

3. Personen, die nicht aus ihrem Arbeitsverdienst leben. In diesem Falle befinden sich diejenigen Personen, welche auf Grund der Arbeiter-Versicherungs-Gesetze vom 5. April 1910 eine Pension, sowie die Greise, die Siechen und die Unheilbaren, welche in Anwendung des Gesetzes vom 14. Juli 1905 eine Unterstützung beziehen. Ferner diejenigen Personen, welche auf Grund der Reichs-Versicherungs-Ordnung sich im Genuss einer Invalidenrente befinden.

4. Personen, die krank und arbeitsunfähig sind.

5. Personen, welche bei Stellung des Antrags nicht mindestens während einem Jahre ununterbrochen in Mülhausen ihren Wohnsitz haben.

6. Personen, welche infolge des Alters, der Arbeitsunfähigkeit arbeitslos sind.

7. Diejenigen, welche nachweisbar Trinker sind und für den Unterhalt ihrer Angehörigen nicht hinreichend sorgen.

Artikel 4.

Die Unterstützung wird in der Regel in Bar ausgezahlt. In besonderen Fällen kann sie auch in Natura verabreicht werden.

Der Unterstützungsbetrag darf für den Familienvorstand oder für die alleinstehende Person den Betrag von 6.— Fr. nicht übersteigen. Dieser Unterstützungssatz wird um 3.— Fr. erhöht für den arbeitslosen Ehegatten und für jedes unter 16 Jahre alte Kind um 1.50 Fr., das nicht arbeitet, oder das weniger als 1.— Fr. pro Tag verdient und um 1.50 Fr. für Eltern, die nicht arbeiten und dem Familienvorstand zur Last sind, das heisst, wenn sie sich in seinem Haushalt befinden.

Personen, über 16 Jahre alt, die arbeitslos sind und im Haushalt ihres Vaters, ihrer Mutter, ihres Vormundes, Grossvaters, Grossmutter, Onkels, Tante sich befinden, erhalten eine Arbeitslosen-Unterstützung von

grand-père, grand'mère, oncle, tante, bénéficient de l'allocation de chômage, qui ne peut excéder les deux tiers du montant de l'allocation prévue au paragraphe précédent pour le chômeur, chef de ménage..

Dans aucun cas, le total des secours alloués à un même ménage ne pourra être supérieur à 17 francs par jour.

La participation de l'Etat aux dépenses des fonds de chômage est de 33 % sur les taux maxima ci-dessous :

De 2 fr. 25 par jour pour la personne qualifiée chef de famille ;

De 1 fr. par jour pour le conjoint chômeur et par enfant au-dessous de 16 ans ne travaillant pas ou gagnant moins de 1 fr. par jour ;

De 0 fr. 75 pour l'ascendant sans travail à la charge du chef de ménage, sans que le total des secours alloués à un ménage puisse être supérieur à 6 fr. par jour.

L'allocation se compose donc comme suit :

	Part de l'Etat	Part de la Commune	TOTAL
	Frs.	Frs.	Frs.
Chef de ménage	—,75	5,25	6,—
Conjoint chômeur	—,33	2,67	3,—
Enfant au-dessous de 16 ans ou gagnant moins de 1.— frs.	—33	1,17	1,50
Ascendants	—.25	1,25	1,50
Pour personnes âgées de plus de 16 ans vivant dans le ménage de leurs père, mère etc.	—50	3,50	4.—

Les secours seront versés à termes échus et non à l'avance.

Ils seront versés deux fois par mois aux chefs de ménage qui émargeront sur les listes établies.

Là remise des allocations aura lieu autant que possible aux heures ouvrables.

Les cas particuliers non prévus par cette disposition sont soumis à la décision de la Commission.

höchstens ²/₃ derjenigen, die der Haushaltungsvorstand bezieht (siehe vorstehend).

In keinem Falle darf der Höchstbetrag der an einen Haushalt bezahlten Unterstützungen die Summe von 17.— Fr. pro Tag übersteigen.

Der Staat beteiligt sich an der Unterstützung mit 33% von folgenden Höchstsätzen:

Für den Haushaltungsvorstand 2,25 Fr. pro Tag,
für die arbeitslosen Ehegatten und für jedes Kind unter 16 Jahren, welches nicht arbeitet oder weniger als 1.— Fr. pro Tag verdient, 1.— Fr. pro Tag,
für Eltern zu Lasten des Arbeitslosen 0,75 Fr. pro Tag und bis zu einer Unterstützung von 6.— Fr. pro Tag für eine Familie.

Die Arbeitslosen-Unterstützung setzt sich somit zusammen:

	Staats-zuschuss	Gemeinde-zuschuss	Total
	Frs.	Frs.	Frs.
Familienvorstand	—,75	5 25	6,—
Arbeitslose Ehefrau	—,33	2,67	3,—
Kind unter 16 Jahren ohne Arbeit oder das weniger verdient als 1,— Frs. im Tag	—.33	1,17	1,50
Eltern	—.25	1,25	1,50
Arbeitslose Person über 16 Jahre bei Vater, Mutter etc. . . .	—50	3,50	4,—

Die Unterstützungen werden nachgängig bezahlt, nicht im voraus und zwar die Barbeträge halbmonatlich zu Händen des Haushaltungsvorstandes, der für den Empfang des Betrages in der aufgestellten Liste zu quittieren hat.

Die Auszahlung der Unterstützung findet während den Arbeitsstunden statt. In allen Fällen, die durch ihre Besonderheit sich ausserhalb dieser Bestimmung stellen, entscheidet die Kommission.

Die Arbeitslosen-Unterstützung darf in keinem

L'allocation au sans - travail ne doit en aucun cas être supérieure au salaire touché par lui immédiatement avant d'être admis au bénéfice de cette allocation.

Article 5.

Les chômeurs chefs de ménage qui reçoivent l'allocation attribuée par la loi du 5 août 1914 aux familles des mobilisés peuvent cumuler cette allocation avec l'allocation prévue à l'article 4 du présent décret pour le chômeur chef de ménage.

Article 6.

Chaque bénéficiaire reçoit une carte d'identité. Il est établi à son nom une fiche sur laquelle sont consignés les renseignements qui constatent sa qualité d'ayant-droit. Ces fiches sont tenues à jour par une revision journalière en vue de vérifier si le titulaire est toujours dans les conditions requises pour bénéficier de l'allocation. Elles sont comparées avec la liste des bénéficiaires de l'allocation militaire, avec les listes des bénéficiaires de l'assistance aux vieillards, infirmes et incurables, ces derniers ne pouvant bénéficier des secours de chômage que s'ils justifient qu'ils vivaient de leur travail. Les fiches sont tenues constamment à la disposition des représentants de l'Etat, ainsi que de la Préfecture de Colmar.

L'Office municipal de placement est tenu de signaler à la Commission de contrôle, en vue de la radiation, les bénéficiaires de l'allocation de chômage ayant, sans motif valable, refusé un emploi qui leur était offert.

Article 7.

Un contrôle sera organisé par la Commission ci-dessus désignée pour éviter que des personnes ayant cessé de remplir les conditions indiquées à l'article 3 continuent à recevoir des secours. A des intervalles rapprochés, la Commission vérifiera la situation des personnes secourues, par des renseignements et des enquêtes auprès des employeurs, par l'examen des listes fournies par les chefs d'établissements indus-

Falle mehr betragen, als der tatsächlich im Arbeits-
verhältnis verdiente Lohn.

Artikel 5.

Arbeitslose Familienvorstände, welche die auf
Grund des Gesetzes vom 5. August 1914 an die Familien
der mobilisierten Mannschaften ausbezahlten Unterstützung erhalten, können neben dieser Unterstützung
auch die nach Artikel 4 dieses Dekrets für die Familienvorstände vorgesehene Arbeitslosen-Unterstützung
beziehen.

Artikel 6.

Jeder Unterstützungs-Empfänger erhält eine Iden-
titätskarte. Auf seinen Namen wird eine Personalkarte
angelegt, auf welcher die Eintragungen gemacht werden, welche nachweisen, dass er zum Bezuge der Unterstützung berechtigt ist. Diese Karten werden durch
die Vornahme einer täglichen Kontrolle auf dem Lau-
fenden erhalten, zwecks Feststellung, ob der Empfän-
ger zum Bezuge der Unterstützung noch berechtigt ist.
Sie sind mit den Verzeichnissen der Militärunterstüt-
zungsempfänger zu vergleichen, desgleichen mit den-
jenigen, welche Unterstützung empfangen wegen Alter,
Gebrechen und Unheilbarkeit. Diese Letzteren können
Arbeitslosen-Unterstützung nur beziehen, wenn sie
nachweisen, dass sie aus dem Ertrage ihrer Arbeit ge-
lebt haben.

Die Karten sind ständig zur Verfügung der Vertre-
ter des Staates sowie der Préfecture von Colmar zu
halten.

Der städtische Arbeitsnachweis ist gehalten, der
Kontrollkommission, zum Zwecke des Ausschlusses
vom Genusse der Unterstützung, diejenigen Unterstützungsempfänger anzuzeigen, welche ohne triftigen
Grund die Annahme einer Arbeit verweigert haben.

Artikel 7.

Durch die oben bezeichnete Kommission wird eine
Kontrolle eingeführt um zu vermeiden, dass Personen,
welche aufgehört haben, die Bedingungen des Artikels

triels ou commerciaux et par le contrôle de la présence des chômeurs aux heures habituelles de chômage. Ceux-ci devront se présenter à cet effet deux fois tous les jours ouvrables aux heures prescrites, à l'Office municipal de placement. Ces moyens de contrôle ne sont qu'énonciatifs et non limitatifs.

Le bénéfice du secours sera suspendu pour tout chômeur qui n'aura pas répondu à une convocation ou qui ne se sera pas présenté aux jours, heures et lieux prévus par le règlement. Le bénéfice du secours ne pourra être rétabli en faveur de l'intéressé que si la Commission, saisie par lui d'une réclamation, reconnaît la validité de son excuse.

La Commission exclura des secours de chômage, soit temporairement, soit définitivement :

1° Les chômeurs qui, sans excuse valable reconnue par elle, auront refusé des emplois offerts par le service municipal public de placement ou n'auront pas répondu aux convocations qui leur auront été adressées ;

2° Ceux qui auront fait sciemment des déclarations inexactes ou présenté des attestations mensongères, ou ceux qui auront touché indûment des secours en ne faisant pas connaître qu'ils n'étaient plus chômeurs ou qu'ils ne remplissaient plus les conditions requises pour y participer ;

3° Ceux qui seraient reconnus comme se livrant habituellement à l'ivrognerie.

La restitution des secours indûment reçus pourra être exigée sans préjudice des sanctions d'ordre pénal qu'il conviendra, dans les cas particulièrement graves, de provoquer contre les fraudeurs.

Article 8.

Les chômeurs célibataires sont tenus d'accepter un placement loin de Mulhouse si celui-ci leur est offert par l'Office de placement. Les chômeurs spécialisés dans une profession sont obligés d'accepter également un travail autre que celui de leur profession, s'ils sont

3 zu erfüllen, noch weiter unterstützt werden. Die Kommission wird in kurzen Zwischenräumen die Lage der unterstützten Personen prüfen durch Erhebungen bei den Arbeitgebern, durch Prüfung der durch die Industrie und Handelsbetriebe eingereichten Verzeichnisse, sowie durch eine direkte Kontrolle über die Anwesenheit der Arbeitslosen. Die Arbeitslosen haben sich zu diesem Zwecke an jedem Arbeitstage zweimal zu den angesetzten Stunden bei dem Arbeitsnachweis vorzustellen.

Diese Mittel zur Kontrolle sind nur angedeutet, aber nicht erschöpft.

Für jeden Unterstützten wird die Auszahlung der Unterstützung eingestellt, welcher den an ihn ergehenden Einladungen keine Folge leistet oder zu den in den Bestimmungen vorgesehenen Tagen und Stunden nicht zur Kontrolle erschienen ist. Die Unterstützung gelangt erst wieder zur Auszahlung, wenn die Kommission die vom Betroffenen eingereichte Reklamation als begründet anerkannt hat.

Die Kommission wird vom Bezuge der Arbeitslosen-Unterstützung ausschliessen, sei es auf bestimmte Zeit, sei es endgültig :

1. die Arbeitslosen, welche ohne einen von ihr als gültig anerkannten Grund die Annahme einer ihnen vom Arbeitsnachweis angebotenen Beschäftigung ausschlagen, oder einer an sie ergangenen Einladung keine Folge geleistet haben ;

2. diejenigen, welche wissentlich unwahre Angaben gemacht oder falsche Bescheinigungen vorgelegt haben, oder diejenigen, welche zu Unrecht Unterstützungen bezogen haben ohne zu erkennen zu geben, dass sie nicht mehr arbeitslos sind, oder welche die Vorschriften der Bedingungen zum Bezuge der Unterstützung nicht mehr erfüllen ;

3. diejenigen, welche sich der Trunkenheit hingeben.

In Fällen, wo jemand zu Unrecht Unterstützung bezogen hat, kann, wenn der Fall besonders schwer ist, unbeschadet der Rückerstattungspflicht, gegen den Betrüger Strafanzeige erstattet werden.

en mesure de l'exécuter. Ce travail leur sera rétribué conformément au tarif et aux usages locaux.

Article 9.

L'état récapitulatif prévu à l'article 7 du décret du 19 avril 1918 fera connaître :

1° Le nombre des bénéficiaires, le nombre des autres chômeurs et des autres personnes à leur charge pour lesquels les secours sont alloués, le nombre des allocations journalières à un même ménage, la répartition de ces allocations d'après leur montant, les dépenses totales du mois et la somme sur laquelle doit être calculée la subvention de l'Etat ;

2° La répartition des chômeurs par sexes et par grandes catégories professionnelles.

Un rapport annexe indiquera notamment le nombre des enquêtes de contrôle et leur résultat, le nombre et la nature des emplois qui auront été procurés aux chômeurs secourus.

Article 10.

Le fonds de chômage est alimenté :

1° Par un crédit de 400.000 francs qui sera ouvert à cet effet par le Conseil Municipal ;

2° Par la subvention allouée par l'Etat sur le montant des secours conformément à l'arrêté de M. le Commissaire Général du 23 février 1922 ;

3° Par les dons et legs qui pourront être faits à la Ville de Mulhouse dans ce but.

Article 11.

La comptabilité du fonds de secours sera établie de façon à permettre la confection d'une statistique des chômeurs et de vérifier si les dispositions du décret du 19 avril 1918 sont observées.

Les listes d'émargement indiqueront pour chaque versement le nom et l'adresse du bénéficiaire, le nombre des autres chômeurs du ménage, à la charge du chômeur, le montant total par jour des secours alloués

Artikel 8.

Ledige Arbeitslose müssen auswärtige Arbeit, die ihnen vom Arbeitsamt nachgewiesen wird, annehmen. Berufsarbeiter sind verpflichtet, auch andere, nicht berufsmässige Arbeit zu ortsüblichen oder Tarifsätzen anzunehmen, soweit sie zu deren Asführung befähigt sind.

Artikel 9.

Die im Artikel 7 des Dekrets vom 19. April 1918 vorgesehene zusammenfassende Aufstellung gibt bekannt :

1. Die Anzahl der Unterstützungsempfänger, die Anzahl der anderen Arbeitslosen und andere Personen, die zu Lasten des Empfängers sind und für die er Unterstützung erhält, die Anzahl der an einen Haushalt ausbezahlten Tagesunterstützungen, die Verteilung dieser Unterstützungen nach ihrer Summe, die Gesamtausgaben für den Monat und den Betrag, nach welchem der Staatszuschuss zu berechnen ist.

2. Die Verteilung der Arbeitslosen nach Geschlecht und nach grossen beruflichen Kategorien.

Ein angeschlossener Bericht enthält hauptsächlich die Anzahl der Erhebungen und ihr Ergebnis, die Anzahl und die Art der Stellen, die den arbeitslosen Unterstützten vermittelt worden sind.

Artikel 10.

Der Arbeitslosen-Unterstützungsfonds wird gespeist :

1. Durch einen Kredit von 400.000 Fr., welcher vom Gemeinderat zu diesem Zwecke eröffnet wird.

2. Durch den Zuschuss des Staats auf den Betrag der Unterstützung. Gemäss der Verfügung des Herrn Commissaire général vom 23. Februar 1922.

2. Durch die Geschenke und Vermächtnisse, welche der Stadt Mülhausen zu diesem Zwecke gemacht werden.

Artikel 11.

Die Buchführung über die Unterstützungsgelder wird so eingerichtet, dass sie die Aufstellung einer Ar-

pour l'ensemble d'un ménage, le nombre de jours pour lesquels ils sont alloués et enfin le total de la somme versée.

Cette comptabilité sera, à toute époque, tenue à la disposition des personnes désignées par le Commissaire Général et par le Préfet de Colmar.

Article 12.

Le présent règlement sera soumis à l'approbation de M. le Commissaire Général.

Mulhouse, le 12 avril 1922.

Le Maire : **A. WOLFF.**

beitslosen-Statistik und die Beobachtung der Bestimmungen des Dekretes vom 19. April 1918 erlaubt.

Die Auszahlungslisten werden für jede Zahlung enthalten: den Namen und die Adresse des Empfängers, die Zahl der übrigen Arbeitslosen, die sich zu Lasten des Arbeitslosen im Haushalt befinden, der Tagesbetrag der Aufwendungen für einen Haushalt, die Anzahl der Tage, für welche Unterstützung gezahlt ist, sowie den Gesamtbetrag der Unterstützung.

Diese Buchführung wird zu jeder Zeit zur Verfügung der vom Commissaire général und vom Préfet de Colmar bezeichneten Personen gehalten.

Artikel 12.

Die vorstehenden Bestimmungen werden dem Herrn Commissaire général zur Genehmigung vorgelegt.

Mulhouse, le 12 avril 1922.

Le Maire: A. WOLFF.